Todos los libros de Linkgua Ediciones cuentan con modelos de Inteligencia Artificial entrenados por hispanistas. Pregúntale al chat de tu libro lo que desees acerca de la obra o su autor/a.

Para ebooks: Accede a nuestro modelo de IA a través de este enlace.

Para libros impresos: Escanea el código QR de la portada con tu dispositivo móvil.

Obtén análisis detallados de nuestros libros, resúmenes, respuestas a tus preguntas y accede a nuestras ediciones críticas generativas para una experiencia de lectura más enriquecedora.
La transparencia y el respeto hacia la autoría de las fuentes utilizadas son distintivos básicos de nuestro proyecto. Por ello, las respuestas ofrecen, mediante un sistema de citas, las fuentes con las que han sido elaboradas.

Pedro Calderón de la Barca

La casa de los linajes

Barcelona 2024
Linkgua-ediciones.com

Créditos

Título original: La casa de los linajes.

© 2024, Red ediciones S.L.

e-mail: info@Linkgua-ediciones.com

Diseño de cubierta: Michel Mallard.

ISBN rústica ilustrada: 978-84-9816-422-0.
ISBN ebook: 978-84-9007-336-0.

Sumario

Brevísima presentación

La vida

Pedro Calderón de la Barca (Madrid, 1600-Madrid, 1681). España.

Su padre era noble y escribano en el consejo de hacienda del rey. Se educó en el colegio imperial de los jesuitas y más tarde entró en las universidades de Alcalá y Salamanca, aunque no se sabe si llegó a graduarse.

Tuvo una juventud turbulenta. Incluso se le acusa de la muerte de algunos de sus enemigos. En 1621 se negó a ser sacerdote, y poco después, en 1623, empezó a escribir y estrenar obras de teatro. Escribió más de ciento veinte, otra docena larga en colaboración y alrededor de setenta autos sacramentales. Sus primeros estrenos fueron en corrales.

Lope de Vega elogió sus obras, pero en 1629 dejaron de ser amigos tras un extraño incidente: un hermano de Calderón fue agredido y, éste al perseguir al atacante, entró en un convento donde vivía como monja la hija de Lope. Nadie sabe qué pasó.

Entre 1635 y 1637, Calderón de la Barca fue nombrado caballero de la Orden de Santiago. Por entonces publicó veinticuatro comedias en dos volúmenes y La vida es sueño (1636), su obra más célebre. En la década siguiente vivió en Cataluña y, entre 1640 y 1642, combatió con las tropas castellanas. Sin embargo, su salud se quebrantó y abandonó la vida militar. Entre 1647 y 1649 la muerte de la reina y después la del príncipe heredero provocaron el cierre de los teatros, por lo que Calderón tuvo que limitarse a escribir autos sacramentales.

Calderón murió mientras trabajaba en una comedia dedicada a la reina María Luisa, mujer de Carlos II el Hechizado. Su hermano José, hombre pendenciero, fue uno de sus editores más fieles..

La casa de los linajes

Personajes

Don Lesmes
Negro
Don Tristán
Moro
Juana
Barbero
Don Gil
Hombre
Sastre
Trapera
Zurdo
Mondonguera
Dueña
Vecinos
Corcovado

Acto único

(Calle con entrada a la Casa de los Linajes. Salen Don Lesmes y Don Tristán.)

Don Lesmes	Don Tristán, ¿dónde vais tan enojado?

Don Tristán   A matar o morir desesperado,
don Lesmes, voy: y pues que sois mi amigo,
y no acaso os busqué, venid conmigo;
porque tengo de entrar en cierta casa   5
no muy segura.

Don Lesmes   Sepa lo que os pasa,
y a lo que voy también.

Don Tristán   Ya habéis sabido
que a un mal gusto rendido
(que amor tal vez a lo peor inclina),
a Juanilla pasé de mantellina   10
a manto; a tafetán, de bocacíes;
de tú a don, de ramplón a ponlevíes.,
de picote a sedilla,
y de lámpara, al fin, a lamparilla.
Ésta pues, picarona,   15
en habiendo dejado mi persona
tan pobre como veis, y de mal talle,
me ha puesto de patitas en la calle.

Don Lesmes   ¿Y deso os ofendéis? Pues ¿qué fregona
en viéndose alhajada, no desea   20

no ver a quien la vio, porque la vea
quien no la vio?

Don Tristán   En efecto, yo he sabido
el galán, y no solo me ha ofendido
ella, pero él también, porque sabía
el ser ya doña Juana cosa mía.   25
Y así, voy a buscarle
con ánimo siquiera de matarle,
si a mi justa querella
donación entre vivos no hace della.
Sé que vive en la casa   30
que desta calle a esotra calle pasa,
cuyo corral es todo aposentillos
llenos de vecinillos;
por cuyas varias gentes,
de oficios y de estados diferentes,   35
tratos, usos, naciones y lenguajes,
la Casa se llamó de los Linajes.
Y por si acaso en mi semblante nota
algo la vecindad y se alborota,
no es bien hallarme solo: y pues mi amigo 40
sois y es esta la casa, entrad conmigo.

Don Lesmes   A todo trance tengo
de estar con vos; que con quien vengo,
vengo.

(Lléganse a la puerta de la Casa de los Linajes.)

Don Tristán   Pues quedaos a esta puerta.

Don Lesmes	¿Con qué orden?

Don Tristán	De no más que estar alerta.	45
	Aquel es que en el patio se pasea.	

Don Lesmes	Alerta quedo, y lo que fuere sea.

(Éntranse.)

(Patio en la Casa de los Linajes.)

(Sale don Gil.)

Don Gil	Hermosa Juana mía,	
	si me dijiste que hoy tu amor vendría	
	a verme, ¿cómo tarda?	50
	Mas ¿cuándo no tardó bien que se aguarda?	

(Salen Don Tristán y Don Lesmes: éste se queda a la puerta acechando.)

Don Tristán	Mucho me huelgo de haberos
	hallado, señor don Gil.

Don Gil	No estaba perdido yo;	
	y si pensasteis que sí,	55
	hubiéraisme pregonado,	
	y supiérades de mí.	

Don Tristán	Ya lo hubiera hecho, a pensar
	que había de hallar...

Don Gil	Decid.
Don Tristán	Quien diera por vos de hallazgo 60 un solo maravedí. Esto no es del caso. Vamos a lo que lo es.
Don Gil	Proseguid.
Don Tristán	Yo a la Juanilla de ayer, doña Juana de hoy, serví; 65 y sabiendo vos que era la dama de aqueste arfil, me la habéis soplado.
Don Gil	Pues ¿de qué os quejáis, si advertís que la dama que no come, 70 se sopla?
Don Tristán	Aunque eso sea así. Quizá porque ella al Tristán dejó la hacienda en el tris; con todo, vengo a saber si acción tan baja, tan vil, 75 haberse hecho con un sastre pudiera.

(Sale un Sastre, cosiendo.)

Sastre	¿Qué es lo que oí? Pues ¿qué tienen, seor hidalgo,

	los sastres, para decir	
	que no se hiciera con vos	80
	lo que con ellos?	

Don Gil   Oíd:
que este caballero habla
conmigo.

Sastre   También de mí;
y vive Dios que si cojo
una vara de medir   85

Don Tristán   ¡Vara de medir, picaño!
Vos debéis de presumir
que con algún zurdo habláis.

(Sale un Zurdo, rebozado, con la espada a zurdas.)

Zurdo   ¿Y qué tienen, me decid,
los zurdos, para que no   90
deba el mismo Belianís
hablar muy cortés con ellos?

Don Tristán   ¿Qué han de tener más, si vi
que aun menos derechos son
que un corcovado?

(Sale un Corcovado.)

Corcovado   Mentís: 95
que un corcovado no puede
ser derecho; un zurdo sí.

| Don Tristán | ¡Mentís a mí! |

(Danse de palos.)

| Don Gil | ¡Deteneos! |

| Don Tristán | ¿Qué es detenerme, si oí |
| | lo que no sufriera un negro? | 100 |

(Sale un Negro.)

Negro	Lo neglo, ¿sa gente ruin
	que sufliera lo que vos
	no pudiérades suflir?

(Dale.)

Don Tristán	¡Vive Dios, que si del turco
	hablara, creo que aquí	105
	el turco se apareciera!

(Sale un Moro.)

Moro	¿Qué vos del turco decir?
	El turco ser gente noble;
	que estar cativo y servir,
	y más a siniora duca,	110
	no ser infamia.

(Dale.)

Don Gil	Advertid que estoy aquí yo... Y teneos vos.

Don Tristán	Sí haré, pues me impedís; mas no me las pele yo, aunque viva años cien mil, en bacía de barbero (que es el potro más civil del hombre), hasta que de todos me vengue.	115

(Sale un Barbero, y tras él un Hombre, con paños y bacía, como que está haciéndose la barba.)

Barbero	¿Qué llego a oír? ¿Qué es eso de civil potro, caballero?	120

Hombre	Hombre, no así a media barba me dejes.

Barbero	¿Vos sabéis lo que os decís? ¡Metáfora de verdugo con barberos!

Don Tristán	Acudid don Lesmes: ved que cercado me veo de gente ruin.	125

Don Lesmes	(Sin moverse de su puesto.) Dejaos dar; que alerta estoy,

que es lo que me toca a mí.

Don Gil   Baste estar yo de por medio   130
              a vuestros cuartos os id.

Todos   Agradezca a Dios estar
              por medio el señor don Gil.

(Vanse el Sastre, el Zurdo, el Corcovado, el Negro, el Moro,
el Barbero y el Hombre que salió tras él.)

Don Gil   Ya estamos solos: ahora
              vuestro duelo proseguid.   135

Don Tristán   Digo, pues, que yo a Juanilla...

(Sale Juana.)

Juana   ¿Quién dijo Juanilla aquí?
              Pero ¿quién había de ser
              sino un hombrecillo vil
              de pocas obligaciones,   140
              sin urbanidad y sin
              cortesanía ni modo,
              hombre pobretón, en fin,
              que ignora que doña Juana
              me suelen llamar a mí?   145

Don Tristán   Pues ¿no te acuerdas, Juanilla,
              de que yo te conocí
              hija de una mondonguera?

(Sale una Mondonguera.)

Mondonguera	Cuando aqueso fuese así,	
	¿hay persona de más sangre	150
	que una mondonguera? Di,	
	deslenguado... Pero yo	
	sabré vengarme de ti.	

Don Tristán	¿Eres víbora o serpiente?	
	Y agradece no decir	155
	dueña, que es más venenoso	
	animal.	

(Sale una Dueña.)

Dueña	Hombre civil,
	¿dueñas tomas en la boca?
	¡A mi mano has de morir!

(Aráñanle las tres.)

Don Tristán	Aquesto es peor. ¡Don Lesmes!	160
	A socorrerme venid.	

Don Lesmes	Dejaos dar: alerta estoy,
	que es lo que me toca a mí.

Don Tristán	¿Oyes, pícara trapera?...

(Sale una Trapera.)

Trapera	¿Qué tienen que ver, decid,	165
	las traperas, bribonazo,	
	con vuestro duelo?	
Don Tristán	¡Ay de mí!	
	Si cuanto fuere nombrando,	
	al instante ha de venir,	
	a nadie ya nombraré.	170
Juana	Hará bien. Y pues aquí	
	tan defendida me hallo	
	en el poder de don Gil	
	no me canse. Y porque advierta	
	lo que tiene contra sí...	175
(Canta.)	¡Ah de los Linajes!	
Voces (Dentro.)	¿Qué quieres?	
Juana	Salid,	
	salid, porque vea,	
	si me da en seguir,	
	que en defensa mía	180
	tiene contra sí	
	la gente que encierra	
	un patio en Madrid.	

(Salen los de antes y otros vecinos y cantan.)

Salid, porque vea,

si la da en seguir,
la gente que encierra
un patio en Madrid.

Fin

Libros a la carta

A la carta es un servicio especializado para
empresas,
librerías,
bibliotecas,
editoriales
y centros de enseñanza;
y permite confeccionar libros que, por su formato y concepción, sirven a los propósitos más específicos de estas instituciones.

Las empresas nos encargan ediciones personalizadas para marketing editorial o para regalos institucionales. Y los interesados solicitan, a título personal, ediciones antiguas, o no disponibles en el mercado; y las acompañan con notas y comentarios críticos.

Las ediciones tienen como apoyo un libro de estilo con todo tipo de referencias sobre los criterios de tratamiento tipográfico aplicados a nuestros libros que puede ser consultado en Linkgua-ediciones.com.

Linkgua edita por encargo diferentes versiones de una misma obra con distintos tratamientos ortotipográficos (actualizaciones de carácter divulgativo de un clásico, o versiones estrictamente fieles a la edición original de referencia).

Este servicio de ediciones a la carta le permitirá, si usted se dedica a la enseñanza, tener una forma de hacer pública su interpretación de un texto y, sobre una versión digitalizada «base», usted podrá introducir interpretaciones del texto fuente. Es un tópico que los profesores denuncien en clase los desmanes de una edición, o vayan comentando errores de interpretación de un texto y esta es una solución útil a esa necesidad del mundo académico.

Asimismo publicamos de manera sistemática, en un mismo catálogo, tesis doctorales y actas de congresos académicos, que son distribuidas a través de nuestra Web.

El servicio de «libros a la carta» funciona de dos formas.

1. Tenemos un fondo de libros digitalizados que usted puede personalizar en tiradas de al menos cinco ejemplares. Estas personalizaciones pueden ser de todo tipo: añadir notas de clase para uso de un grupo de estudiantes, introducir logos corporativos para uso con fines de marketing empresarial, etc. etc.

2. Buscamos libros descatalogados de otras editoriales y los reeditamos en tiradas cortas a petición de un cliente.

LK